ARMAND ET MATHILDE,

OU

LA CARRIERE,

MÉLODRAME,

EN TROIS ACTES, EN PROSE;

Par A. GRÉTRY, neveu.

Représenté, pour la première fois, à Paris, sur le Théâtre de la Gaité, le 7 Octobre 1806.

A PARIS,

Chez DUCROCQ, Libraire, rue Saint-André-des-Arts, N°. 73, près le passage du Commerce.

M. DCCC. VI.

PERSONNAGES.	ACTEURS.

ARMAND D'HERBOURG, seigneur Bavarois. *M. Marty.*
MATHILDE, son amante. *Mad. C. Picard.*
Le Comte D'HERBOURG, père d'Armand. *M. Lafargue,*
JULES, jeune frère d'Armand. *Mlle. Rivet.*
HUBERT, vieux Concierge du château. *M. Genet.*
MAURICE, ami d'Armand. *M. S.-Jules.*
THOMASO, maître carrier. *M. Pascal.*
PIERRE, carrier. *M. Boulanger.*
CLARA, Comtesse de Vasserbourg. *Mad. d'Herbouville.*
Un Ecuyer. *M. Ferdinand.*
LISBETH, suivante de Mathilde.
Un ami d'Armand. *M. Camel.*
Troupe de Carriers.
Jeunes Filles et Garçons de la nôce.
Parens de Mathilde.
Un Officier Bavarois. *M. Beuzeville.*
Gardes.

La Scène se passe dans le Duché de Bavière, à quelques lieues de Munich : l'action remonte au 13e. siècle.

AVIS.

«:═══════════════ ❦ ═══════════════:»

ARMAND ET MATHILDE,

OU

LA CARRIERE,

MELODRAME.

ACTE PREMIER.

(Cet Acte se passe au château d'Armand d'Herbourg, et le Théâtre représente un parc ; au fond, est une chapelle dont les portes sont fermées ; à droite, est la grille d'entrée.)

SCÈNE PREMIÈRE

JULES, HUBERT.

(Pendant le commencement de cette scène, Jules retient Hubert qui cherche toujours à s'échaper.)

HUBERT.

Je vous en prie, mon cher Jules, n'arrêtez plus mes pas.

JULES.

Oh ! c'est en vain que tu veux fuir, je m'attache à toi !

HUBERT.

Vous ignorez combien j'ai de choses à préparer pour la nôce.

JULES.

Je m'en moque, vraiment ; ma principale affaire, à moi, est que tu m'écoutes.

HUBERT.

Je vous le répète, je ne puis différer.

JULES.

Si tu veux consentir à m'entendre, tu verras que tu n'au-
ras pas perdu de temps.

HUBERT.

Le comte d'Herbourg, votre père, est déjà venu me
chercher.

JULES, *frappant du pied.*

Morbleu, monsieur Hubert, voulez-vous vous brouiller
avec moi pour la vie ?

HUBERT, *à part.*

Oh ! le petit lutin !... il faut nous en défaire.

JULES. *vivement.*

Eh bien ! veux-tu m'écouter ?

HUBERT.

Là, là, tout doux, monsieur le page ; ne faut-il pas
ordinairement finir par faire vos volontés ; mais songez
bien que je n'ai qu'un instant.

JULES. *avec raillerie.*

Je te suis obligé de tant de complaisance.

HUBERT.

Au fait, au fait, s'il vous plaît.

JULES.

Après avoir brûlés long-temps de l'amour le plus cons-
tant, mon frère Armand d'Herbourg, et Mathilde,
s'unissent enfin aujourd'hui.

HUBERT.

Eh ! je le sais !

JULES.

Un moment donc, monsieur le concierge. Tu dois bien
le savoir, puisque c'est par tes soins que tout le monde
va célébrer cette fête au château : rien n'y manquera sans
doute ; car monsieur Hubert est pour cela d'une pré-
voyance... d'une intelligence... d'une conséquence dans
tout ce qu'il fait...

HUBERT, *riant.*

Sur-tout quand il s'agit de la danse ; car, Dieu merci, on
y dansera.

JULES.

Mais, ne danse-t-on pas à toutes les nôces ?

HUBERT.

Oui, mais souvent on n'en a guère envie.

JULES.

C'est ce qui n'arrivera pas ici. Nos deux époux s'ai-
ment depuis long-temps, et attendaient ce jour avec bien
de l'impatience. J'ai voulu les fêter aussi moi, et quoique
je n'aie pas tout l'esprit de monsieur Hubert.

(5)

HUBERT.

Trêve de compliment.

JULES.

J'ai arrangé dans ma tête un petit divertissement qui araîtra nouveau à tous ceux que la fête attirera en ces eux.

HUBERT.

Ah! ah!

JULES.

J'ai fait venir de Munich cinq ou six jeunes filles qui >nt charmantes, en vérité.

HUBERT.

Oh! oh!

JULES.

J'ai trouvé dans leur mémoire les ressources les plus propres à mon projet.

HUBERT.

Vraiment!

JULES.

Et je leur ai appris à chacune un couplet de ma façon.

HUBERT.

Est-ce là tout ce que vous aviez à me dire?

JULES.

Oui, mon cher, n'es-tu pas content?

HUBERT, *en faisant le capable.*

Allons donc, allons donc, cela ne vaudra pas le diable.

JULES.

Croyez-vous?

HUBERT.

J'en suis sûr, votre tête est trop jeune.

JULES.

Mes petites actrices sont si intéressantes...

HUBERT,

La rareté; on voit de fort jolies femmes par-tout.

JULES.

Leur aspect suffirait pour embellir la fête.

HUBERT.

Ou pour faire tourner toutes les têtes.

JULES.

Tu n'as pas songé à la jeunesse; tu ne composes la cérémonie que des habitantes des environs, toutes femmes bien respectables... fort respectables... mais, elles le sont un peu trop. Mon ami, il nous faut du séduisant, du tendre, de l'enjoué, et où trouver tout cela, si ce n'est dans l'âge heureux de plaire et d'aimer? L'ennui bientôt se glisse où la beauté n'est pas.

HUBERT.

Peste! est-ce votre gouverneur qui vous apprend tout
cela ?

JULES, *d'un air de confidence.*

Non... non... c'est mon cœur.

HUBERT, *à part.*

Tu-dieu! le petit éveillé!

JULES.

Pour te faire revenir à présent de la mauvaise opinion
que tu conçois de mon projet, il faut que je fasse répéter
devant toi tout ce que ce soir je ferai exécuter au bal. Tu
vas être notre aréopage; (*avec douceur*) mais, eauteur
craintif, j'ai besoin d'indulgence.

(Il frappe dans ses mains, et aussitôt les jeunes filles pa-
raissent ; elles sont vêtues de blanc, et tiennent des guir-
landes et des couronnes de fleurs.)

SCENE II.

JULES, HUBERT, PLUSIEURS JEUNES FILLES.

(Les jeunes filles arrivent en dansant, et forment plusieurs
groupes autour de Jules ; une d'elles chante ce qui suit, pen-
dant que les autres exécutent plusieurs danses vives et lé-
gères.)

UNE JEUNE FILLE.

L'amour et l'hymen n'ont jamais
Eté de bonne intelligence ;
Et cependant, l'aimable paix
Devrait suivre leur alliance :
C'est à leurs nombreux différens
Que nous jugeons qu'ils sont parens.

UNE AUTRE.

Comment céder à son penchant ?
La crainte toujours nous agite ;
Flambeau d'amour est trop ardent,
Flambeau d'hymen s'éteint trop vîte :
La chaine qui séduit le cœur
Cache l'épine sous la fleur.

(La danse cesse pour le couplet suivant ; un écuyer paraît
en-dehors de la grille, s'arrête, regarde, et écoute avec at-
tention.)

SCENE III.

LES PRÉCÉDENS, UN ÉCUYER.

JULES.

Mais aujourd'hui les plus doux nœuds
Forcent l'amour, tendre et sincére,
De prêter à l'hymen heureux
L'appui qu'il lui doit en bon frère :
Mathilde, Armand, pour les unir,
Jurent de toujours se chérir.

(*Après ce couplet, Jules fait exécuter aux jeunes filles quelques danses du pays ; Hubert, qu'il consulte à plusieurs reprises sur ce petit divertissement, paraît enchanté ; la danse cesse.*)

HUBERT.

Ma foi, mon cher Jules, c'est à merveille.

JULES.

Trouves-tu ?

HUBERT.

Paix... regardez donc ; là... derrière vous.

JULES.

Un étranger !... Que désirez-vous, seigneur écuyer ?

L'ÉCUYER, *en-dehors.*

Pardonnez à la curiosité d'un voyageur, jaloux d'admirer de plus près les groupes charmans qui ont arrêté ses pas.

JULES, *ouvrant la grille.*

Entrez, entrez ; notre bonheur ne saurait avoir trop de témoins.

L'ÉCUYER, *à part, en entrant.*

J'ai réussi, et je ne crains aucun soupçon.

JULES.

Peut-on, sans être indiscret, vous demander le but de votre voyage ?

L'ÉCUYER.

J'arrive de Munster, et je vais à Munich ; mais, avant de m'y rendre, j'ai à terminer une affaire importante qui m'appelle chez le comte Robert.

HUBERT, *bas à Jules.*

Notre gouverneur !

JULES, *bas à Hubert.*

Cet homme cruel !... (*haut et avec intention.*) Le connaissez-vous particulièrement, ce comte Robert ?

L' É C U Y E R.

Non.

J U L E S, *vivement.*

Je vous en félicite.

H U B E R T, *bas à Jules.*

Soyez prudent.

L' É C U Y E R.

Mais, qu'ai-je fait? j'ai interrompu vos aimables jeux ; continuez donc, je vous prie ; vous prépariez une fête ?

J U L E S.

Oui, pour le mariage de mon frère, Armand d'Herbourg.

L' É C U Y E R.

Quoi, Armand d'Herbourg? ce valeureux chevalier , aussi connu par ses exploits que par ses écrits ?

J U L E S.

Lui-même.

J U L E S.

Il se marie, dites-vous?

L' É C U Y E R.

Il épouse la jeune et belle Mathilde ; cette matinée voit serrer leurs nœuds.

L' É C U Y E R, *à part.*

On ne nous a point trompé. (*haut.*) Croyez que je prends une part bien vive au plaisir que cet événement va répandre parmi vous.

J U L E S.

On vient ; ah ! ce sont les bons amis d'Armand. Hubert, cours ouvrir la grille.

S C E N E I V.

LES PRÉCÉDENS, MAURICE, UN AMI D'ARMAND.

M A U R I C E.

Bonjour, mes amis ; bonjour, mon cher Jules ; vous voyez que nous n'avons point tardé.

J U L E S.

J'étais sûr de votre exactitude ; nous allons prévenir mon frère de votre arrivée.

M A U R I C E.

Ne le dérangez pas ; tout entier, sans doute, aux préparatifs brillans de la cérémonie...

H U B E R T, *d'un ton capable.*

Il les ignore.

JULES.

Hubert s'est chargé de tout.

MAURICE, *d'un air inquiet.*

N'importe, mon cher Jules ; allez le rejoindre, je ne suis pas fâché d'attendre ici... (*bas à Jules, et en montrant l'écuyer.*) Quel est cet inconnu ?

JULES, *de même.*

Un voyageur curieux !...

MAURICE, *de même.*

Un voyageur curieux !... (*à part.*) Je ne sais pourquoi tout me porte ombrage aujourd'hui. (*haut.*) Allez, Jules, allez ; nous ne serons pas les derniers au cortége.

JULES.

Jeunes filles, venez, suivez votre instituteur ; je vais vous conduire à la salle de bal. Seigneur écuyer, désirez-vous nous accompagner ? Nous vous prouverons que nous n'avons rien épargné pour fêter le frère le plus chéri.

L'ÉCUYER.

Volontiers, je vous suis. (*à part.*) Tâchons de trouver Armand, et de lui remettre sans témoin le billet dont je suis chargé.

(Il sort par la gauche avec Jules, Hubert, et les jeunes filles ; Maurice l'a fixé jusqu'au dernier moment.)

SCENE V.

MAURICE, UN AMI D'ARMAND.

MAURICE, *regardant avec inquiétude autour de lui.*

Ami, nous voilà seuls !... c'est ici notre poste ; c'est ici que se porteront peut-être les premiers coups, et que nos bras dévoués à l'amitié...

L'AMI.

Que dis-tu ? quel langage !

MAURICE.

Je puis donc en liberté épancher ma souffrance dans ton cœur généreux.

L'AMI.

La douleur semble étouffer ta voix. Que peut nous annoncer le trouble que tu fais paraître ?

MAURICE.

Je connais toute l'étendue de ton attachement pour le comte d'Herbourg ; tu sais à quel point sa famille m'est chère !... Armand, son digne fils, me verra toujours prêt à verser tout mon sang pour défendre sa vie !... Ah ! ne

sois point étonné de mes sentimens. Qui trahit l'amitié
n'a plus de droits à l'honneur.

L' A M I.

Qu'as-tu donc à craindre ?

M A U R I C E.

Hélas ! cette journée qui du comte d'Herbourg et de
nos deux amans assure le bonheur ; ce jour que tout paraît consacrer au plaisir , peut faire place au plus affreux
désespoir , peut voir de tous les yeux couler des torrens
de larmes !... Ecoute, et puisse-tu calmer l'effroi qui s'em-
pare de mon cœur : il existe une femme altière , impé-
rieuse , à qui Armand eut le malheur de plaire ; le haut
rang qu'elle occupe à la cour de Munich , obligea autre-
fois mon ami à la solliciter pour quelques emplois qu'il
ambitionnait. Clara , comtesse de Vasserbourg , c'est son
nom , mit un prix à sa protection ; elle voulut serrer avec
Armand la chaîne d'un hymen détestable ! Clara , s'unir
à mon ami !... Ah ! voit-on le crime s'unir à la vertu ?

L' A M I.

Quoi ! la comtesse de Vasserbourg !...

M A U R I C E.

Son caractère odieux est connu de toute la Bavière. Sa
conduite abominable envers son premier époux a révolté
tous les cœurs.

L' A M I.

Eh bien?

M A U R I C E.

Armand, en rejettant ses offres brillantes , quitta Munich pour se fixer en ces lieux, où l'hymen et l'amour
vont combler ses désirs les plus chers ; mais, crois-tu
que Clara, instruite de cet événement, n'ait pas cher-
ché les moyens de se venger ?... Ce matin, appelé par
un ordre du comte Robert, notre gouverneur, j'ai ren-
contré chez lui cette femme coupable ; son aspect m'a
glacé d'effroi ; j'ai cru voir une furie !... Pourquoi ce dé-
part subit de Munich ? pourquoi cette arrivée soudaine
en ces lieux ? pourquoi, enfin, cette conférence si se-
crette avec le comte Robert, le plus cruel ennemi d'Armand ?... Elle s'est approchée de moi, et m'a parlé du
mariage de mon ami, en me demandant quel terme on
avait fixé pour le célébrer. Après avoir satisfait à ses
questions avec une impatience et un emportement que je
n'ai pu contenir, j'ai ajouté, en la fixant sévèrement,
que tous ceux qui connaissaient le comte d'Herbourg et
sa famille, devaient être enchantés de cette heureuse
union : et moi aussi, j'en suis ravie , s'est-elle écriée. A

ces mots, elle m'a quitté brusquement, et s'est enfermée avec le gouverneur; j'ai vu, dans cette réponse, non la joie d'une ame pure et sensible, mais le langage artificieux de la jalousie et de la fureur.

L' A M I.

Peut-elle avoir conservé quelqu'espérance? La nouvelle de cet hymen lui aura, sans doute, inspiré la résolution d'abjurer sa folle ardeur.

M A U R I C E.

Ah! que tu connais mal cette femme abominable! La rage de se voir méprisée par l'homme qu'elle adore, peut la porter aux plus violens excès. Elle jouit d'un crédit immense auprès du duc de Bavière, notre souverain; elle était ce matin chez le comte Robert, et tu sais qu'Armand, aussi brave qu'éclairé, n'a cessé de tonner dans ses écrits contre les vexations révoltantes, et les actes de barbarie de cet homme sanguinaire, de cet homme qui, monté au poste brillant de gouverneur par ses bassesses, ne l'a conservé que par l'aveuglement de notre maître.

L' A M I.

Et tu crois que Clara?... Mais, le comte d'Herbourg vient à nous.

M A U R I C E.

Son fils et Mathilde l'accompagnent!... Ah! cachonsleur d'aussi douloureux pressentimens; ne troublons point la sécurité dont ils jouissent, et veillons sur eux.

S C È N E V I.

LES PRÉCÉDENS, LE COMTE D'HERBOURG, ARMAND, MATHILDE, LISBETH.

A R M A N D.

Cher Maurice!... mes amis!... ô moment plein de c r-m s!...   (*Il les presse dans ses bras.*)

M A U R I C E.

Cher Armand!... (*à part.*) Malgré moi, je sens couler mes pleurs.

A R M A N D.

Je vous vois, et mon cœur ne désire plus rien.

L E C O M T E.

Votre présence, mes amis, met le comble à notre satisfaction.

M A U R I C E.

Le comte d'Herbourg aurait-il pu penser que nous eussions manqué dans cette occasion , de lui prouver le zèle sincère qui nous attache à sa famille ; je parle au nom de mon ami , et je suis sûr que son cœur ne me dément pas. Cher Armand , tu vas donc être heureux ?

ARMAND.

Si les travaux de Mars , si l'étude de la philosophie ont fait jusqu'à ce moment le charme de mon existence , une amante adorée , une épouse fidelle , va me donner encore plus de droits au bonheur. Mes amis , n'en doutons pas , une compagne aimable est le plus précieux des biens ; quand on a tout perdu , son amitié nous reste.

LE COMTE, *à Mathilde.*

O vous que dans un instant je nommerai ma fille , vous, qui d'accord avec mon fils , répandez quelques fleurs sur mes dernières années , puissent vos deux mains chéries me fermer la paupière.

ARMAND.

Mathilde , tu l'entends !

MATHILDE.

Mon père !... qu'il m'est doux de vous donner ce nom ! je l'ai desiré longtems ; longtems la destinée la plus cruelle m'éloigna d'Armand ; une autre femme prétendait à son cœur , le persécutait , tandis que moi dans le désespoir , dans les larmes, je demandais au ciel la fin de mes tour-mens, ou celle de ma vie.

ARMAND.

Chère Mathilde.

LE COMTE.

Repoussez ces tristes souvenirs ; qu'ils ne viennent pas altérer notre joie innocente et pure.

MAURICE, *à part.*

Ah ! puisse-t-elle n'être pas troublée !...

SCENE VII.

LES PRÉCÉDENS , L'ÉCUYER.

L'ÉCUYER, *à part, et restant au fond.*

Je ne puis le trouver seul un instant.

LE COMTE.

Mais , qu'avez-vous , Maurice ? vous paraissez inquiet, rêveur... votre air contraint...

MAURICE.

Moi ?...

ARMAND.

Sans doute ; je l'ai remarqué, comme mon père

L'ÉCUYER, *à part.*

Il faut l'aborder; que risquai-je ? (*il fait quelques pas.*)

ARMAND.

Que veut-on ?

« L'écuyer s'est avancé; il fait plusieurs signes à Armand;
» les autres personnages marquent leur surprise; Ar-
» mand s'approche de l'écuyer qui lui remet un billet.
» Il lit, et paraît aussi-tôt livré à la plus grande agita-
» tion; la colère, la douleur, l'indignation se peignent
» dans ses traits : il interrompt sa lecture. »

MATHILDE.

Mon ami !...

LE COMTE.

Mon cher fils !...

MAURICE.

Armand, que t'annonce cet écrit ?

« Armand ne répond pas; il reprend en frémissant la lec-
» ture du billet. Il finit de lire, regarde fièrement l'é-
» cuyer, court à Mathilde, place sa main dans la sienne,
» et dit ensuite avec force, en rendant le billet à l'é-
» cuyer. »

ARMAND.

Non.

« L'écuyer sort avec précipitation, et, arrivé à la grille,
» pendant que tous les personnages entourent Armand,
» il s'arrête pour les menacer du geste. »

SCÈNE VIII.

LES PRÉCÉDENS, *hors* l'ÉCUYER.

LE COMTE.

Explique-toi, de grace.

MAURICE.

Que contenait ce billet ?

MATHILDE.

Parles, je t'en conjure; tu remplis mon cœur des plus
vives alarmes.

ARMAND, *déguisant son émotion.*

Ce n'est rien !...,

TOUS.

Explique-toi.

ARMAND.

Non , ce n'est rien , vous dis-je.

MAURICE.

Armand , tu nous trompe ; et ta dissimulation est coupable , puisqu'elle outrage l'amitié.

ARMAND, *d'une voix étouffée.*

Quelle horreur !...

TOUS.

Que dis-tu ?

ARMAND.

On vient, au nom du ciel ne m'interrrogez plus; et qu'aucune crainte ne trouble l'auguste cérémonie qui va m'unir à Mathilde.

SCENE IX.

LES PRÉCÉDENS, HUBERT.

HUBERT , *accourant.*

On n'attend plus que vous, et je viens vous avertir que la fête...

ARMAND.

Venez , mon père ?, venez, Mathilde ; et vous, mes amis, si je vous suis cher, que la joie, que le bouheur président seuls aux nœuds que nous allons former.

(*tous , excepté Hubert, sortent par la gauche.*)

SCENE X.

HUBERT, *seul.*

En vérité, cette nôce, tous ces apprêts, tout cela me rappelle des choses.... Ah ! mon pauvre Hubert ! c'est déjà bien loin !...

(On entend de loin le bruit d'une marche religieuse et pastorale.)

Mais, le cortége s'avance... Eh vîte ! eh vîte à nous !

» Hubert court à la chapelle qui est au fond du théâtre ,
» et dont il ouvre les portes. Alors on apperçoit l'inté-
» rieur d'un temple, élégamment orné de festons et
» de guirlandes. On monte à un autel de marbre blanc,
» par plusieurs marches couvertes de fleurs. Un jeune
» enfant, habillé en amour, est debout sur cet autel,
» et, à l'ouverture des portes, souffle sur quelques
» flambeaux qui s'allument aussi-tôt. Il secoue le sien

» sur plusienrs vases dans lesquels il a jeté des par-
» fums. L'air de la marche a continué de se faire en-
» tendre ; elle approche insensiblement. Le jeune en-
» fant sort du temple, en courant, va regarder au loin
» par la gauche, et revient précipitamment s'asseoir
» sur la première marche de l'autel. Le cortége paraît. »

SCÈNE XI.

LE COMTE D'HERBOURG, ARMAND, MATHILDE, JULES, MAURICE, UN AMI D'ARMAND, HU-BERT, PARENS DE MATHILDE, LISBETH, JEUNES FILLES, JEUNES GARÇONS.

« Deux enfans, habillés en amour, ouvrent le cortége,
» en semant des fleurs sur les pas d'un troisième en-
» fant habillé en dieu d'hymenée. Quelques jeunes
» filles paraissent ensuite ; après elles, viennent le
» comte d'Herbourg, Armand et Jules. Un second
» groupe de jeunes filles leur succède ; Mathilde, con-
» duite par un vieillard, et suivie de toute sa famille,
» vient à son tour. Maurice et l'ami d'Armand, ainsi
» qu'un dernier groupe de jeunes filles et de jeunes
» garçons, ferment la marche. Le cortége fait le tour
» du théâtre, et se range ensuite sur les deux ailes.
» Maurice et son ami, qui paraissent extrêmement in-
» quiets, se placent à côté de la grille qui est ouverte,
» et regardent toujours derrière eux. Le comte d'Her-
» bourg et le vieillard se trouvent au milieu du théâtre.
» Armand va chercher Mathilde, la leur présente, et
» tous deux, prosternés, reçoivent la bénédiction pa-
» ternelle, tandis que les jeunes filles forment autour de
» ces quatre personnes un berceau avec leurs guirlandes
» de fleurs. Les deux amans et leurs pères entrent
» dans le temple, dont l'entrée est aussi-tôt fermée par
» les différens groupes de jeunes filles qui en décorent
» la façade par des chiffres et des festons. Ici on exé-
» cute plusieurs danses. Armand et Mathilde parais-
» sent à l'entrée du temple ; ils en sortent, et aussi-tôt
» une colombe, que laisse échaper Jules, dépose une
» couronne de fleurs sur la tête de Mathilde. Ici Mau-
» rice, qu'un bruit lointain a effrayé, sort précipi-
» tamment par la grille ; son ami le suit. Jules donne
» un signal, et la danse recommence. Armand, qui
» s'est toujours efforcé de cacher son inquiétude, n'en
» est plus le maître, lorsqu'en jettant les yeux du côté

» de la grille, il n'y apperçoit plus Maurice et son ami.
» Peu d'instans après un grand tumulte se fait entendre;
» la danse cesse. »

SCENE XII.

EES PRÉCÉDENS, UN OFFICIER, GARDES.

MAURICE, *entrant par la grille l'épée à la main.*

ARMAND, tu es perdu, mais nous périrons avec toi.

TOUS.

Dieux!...

« Maurice et son ami se rangent devant Armand. Un of-
» ficier, à la tête d'une troupe armée, paraît aussi-tôt
» par la grille, et veut fondre sur Armand. Le com-
» bat s'engage; Mathilde s'évanouit au milieu des
» femmes; Maurice, tout en défendant Armand, at-
» taque vigoureusement l'officier; mais le nombre l'em-
» porte. Maurice, son ami, Jules et plusieurs autres
» sont désarmés. Armand a fait de vains efforts pour
» prendre part à l'action; il en a toujours été empêché
» par son père, par Mathilde, revenue à elle, et quel-
» ques autres personnages. Le combat cesse. »

L'OFFICIER.

Vils séditieux, cessez de défendre un criminel.

TOUS.

Un criminel!...

ARMAND.

Malheureux, qu'oses-tu dire?

L'OFFICIER.

La vérité. (*il déroule un parchemin et lit:*) Armand
d'Herbourg, accusé et convaincu de rebellion envers le
duc de Bavière, son souverain, mérite la mort.

« Tous les acteurs font un mouvement d'indignation;
» l'officier fait un signe aux gardes qui se jettent sur
» Armand. Une lutte opiniâtre s'engage; mais elle est
» sans succès. On enveloppe Armand, et on l'enlève.
» L'escorte qui s'en saisit sort par la grille; tout le
» monde la suit, en donnant les plus grandes marques
» de désespoir. »

Fin du Premier Acte.

ACTE II.

(*Le théâtre se trouve partagé horisontalement, c'est-à-dire, en deux lieux de scène établis l'un au-dessus de l'autre; la première partie représente l'intérieur d'une carrière dans toute son étendue, et renfermant tout ce qui concerne le travail des carriers. La seconde partie représente un cachot; la porte d'entrée, à droite, un soupirail, au-dessus. On doit distinguer, malgré l'obscurité, plusieurs instrumens de supplice.*)

SCENE PREMIERE.

CLARA, *seule dans le cachot.*

« On tire les verroux de la porte d'entrée avec bruit;
» Clara paraît, enveloppée d'un long manteau, et dit,
» après avoir fait quelques pas avec agitation. »

O vengeance! toi qui remplis mon âme, toi qui vas désormais régler tous les desseins de Clara... que tu es lente à combler mes vœux; que tu tardes à me livrer ma victime!... Armand, perfide Armand!... Oui, c'est Clara, oui, c'est une femme qui te plonge dans cette affreuse prison; c'est sa main qui t'en fera sortir pour te traîner au supplice; son cœur. que tu as dédaigné, n'a plus qu'un seul désir, celui de ta perte. On vient... je frémis!... aurait-il échapé à mes coups?...

SCENE II.

CLARA, L'ÉCUYER, *dans le cachot.*

L'ÉCUYER, *accourant.*

Vous triomphez, madame.

CLARA.

Grands Dieux, je respire!...

L'ÉCUYER.

Quoi, pouviez-vous douter?...

CLARA.

Une secrète émotion... Le temps qui s'écoule si lentement!...

L'ÉCUYER.

Vous deviez tout attendre des braves que le comte Robert avait envoyés au château d'Armand ; du haut des tours où j'étais posté , je l'ai apperçu dans la plaine, cet homme qui vous outragea si cruellement ; je l'ai vu...

CLARA.

Tu l'as vu ....

L'ÉCUYER.

Luttant encore contre l'escorte qui l'entraîne vers ces lieux. Il approche... dans peu d'instans...

CLARA.

Le comte Robert ?...

L'ÉCUYER.

Est averti.

CLARA.

Il l'attend ?...

L'ÉCUYER.

Avec l'impatience d'un ennemi.

CLARA.

Ah ! qu'il seconde bien mes transports !

L'ÉCUYER.

Oui, sans doute, puisqu'il vous a fait l'arbitre de sa destinée.

CLARA.

Tu le vois ; il me laisse recevoir son adversaire et le mien.

L'ÉCUYER.

Ainsi, le coupable Armand...

CLARA.

Doit trembler ; je serai le premier objet qui frappera sa vue dans ce cachot. Qu'entends-je !... un bruit confus...

L'ÉCUYER.

C'est lui qu'on amène.

CLARA.

Retire-toi.   (L'écuyer sort.)

SCÈNE III.

CLARA, ARMAND, GARDES, *dans le cachot.*

« Clara se retire à l'écart ; des gardes amènent Armand ;
» on lui ôte son manteau, son écharpe, et on le fait
» coucher sur un tas de paille qui est dans un des coins
» du cachot. Un des gardes apporte des chaînes ; on en
» garotte Armand, et un cadenas arrête et suspend
» l'extrémité de ses fers à un poteau contre lequel il

» est adossé. Armand, plongé dans une profonde mé-
» lancolie, ne fait aucune résistance. Clara fait signe
» aux gardes de se retirer; ils obéissent, et laissent la
» porte entr'ouverte. »

SCENE IV.

ARMAND, CLARA, *à l'écart.*

ARMAND.

Ils s'éloignent, ils me quittent, ces esclaves d'un
monstre, ces satellites d'un tyran cruel!... Ah! qu'ils
me laissent en paix m'apésantir sur mes malheurs; c'est
tout ce que je puis espérer de leur humanité. Quelle
horreur m'environne!... cet affreux souterrain qui, sans
doute, sera mon tombeau!... ces instrumens d'une vengeance atroce qui semblent m'annoncer le genre de mon
supplice!... Tous mes sens sont révoltés. Eh quoi! je
touchais au bonheur! une amante adorée devenait mon
épouse; un père, un tendre frère partageaient ma féli-
cité; et des chaines... et la mort... Voilà tout ce qui me
reste... Quelqu'un s'avance... O mon père... ô Mathilde!...

CLARA, *à part.*

Approchons...

ARMAND.

Quel fantôme effrayant! Dieu! tout mon corps fris-
sonne!... Il approche... Vient-il me déchirer le cœur!
parles, qui que tu sois, apprends-moi ton dessein. Clara
t'envoye-t-elle pour me persécuter jusques dans ce tombeau? Est-ce par ton poignard que je dois être immolé?

CLARA, *jetant son manteau.*

C'est moi-même.

ARMAND.

Ah! mon cœur ne m'avait point trompé.

CLARA.

Oui, c'est moi, dont l'amour, guidé par la vengeance,
voudrait laver son injure dans ton sein perfide; c'est moi,
dont les conseils, dont les transports jaloux vont soulever
contre toi le tribunal redoutable devant lequel tu parai-
tras dans un instant; c'est moi qui t'ai privé de ta liberté,
qui t'ai perdu sans retour dans l'esprit de ton maître;
c'est moi qui t'aimais!... c'est moi qui t'abhorre!... recon-
nais Clara à toute sa fureur; le poison de la haine la dé-
chire, la dévore... La vengeance est devenue pour elle le
plus précieux des biens.

ARMAND.

Vous ne m'étonnez point ; Clara peut se livrer à toute
sa rage ; Armand peut mourir sans se déshonorer.

CLARA.

Malheureux !... ma bonté, ce matin, t'offrait de te sauver ; et le dédain le plus injurieux...

ARMAND.

Je le devais.

CLARA.

Cet écrit dont un reste de faiblesse avait dicté les expres-
sions...

ARMAND.

L'honneur a dicté ma réponse.

CLARA.

Insensé, que je plains ton aveuglement !

ARMAND.

La pitié des méchans est un crime de plus.

CLARA.

Je puis tout auprès des juges qui vont t'entendre.

ARMAND.

Barbare !... il te manquait d'être leur complice !

CLARA.

Tu n'ignores pas que le comte Robert est à leur tête.

ARMAND.

Le monstre est à sa place ; je serai à la mienne.

CLARA.

Tu n'ignores pas que tes écrits forcenés l'ont rendu fu-
rieux contre toi.

ARMAND.

C'est une gloire de plus pour Armand.

CLARA.

Qui te perdra.

ARMAND.

Qui me rendra cher aux amis de l'humanité.

CLARA.

Dis un mot, et tu sors à l'instant de cet abyme infernal.

ARMAND.

Frappe donc ta victime.

CLARA.

Eh bien ! frémis du sort qui t'attend ! Je t'abandonne ;
je te verrai sans pitié périr au milieu des tourmens qu'on
te prépare. Ne crois pas retourner dans les bras de ma
rivale ; toute la colère de tes ennemis, le désespoir, le bûcher... voilà ton partage ; mais, avant de monter sur ce
bûcher qui doit consumer le cœur le plus froid, le plus
cruel, tu seras en butte à toutes les tortures de la haine

et de la vengeance ; plus de repos pour toi jusqu'au moment de ton supplice. Adieu. (*Elle sort, et le cachot se
refermé après elle.*)

***

SCENE V.

ARMAND, *seul.*

FEMME abominable !... vas, fuis ; tu peux te baigner
dans mon sang ; mais, me rendre parjure à l'amour, à
l'honneur... ah ! jamais. (*après un moment de silence.*) Ma
force m'abandonne... O mon père... ô mon épouse... (*Il
tombe accablé dans une profonde rêverie.*)

***

SCENE VI.

ARMAND, JULES.

JULES, *qu'on ne voit pas.*

ARMAND !... Armand !...

ARMAND, *après avoir écouté sans répondre.*

Est-ce un prestige !...

JULES, *de même.*

Mon frère !... mon frère !...

ARMAND, *avec transport.*

La voix de mon cher Jules !... O mon Dieu ! ne me trompez pas !... (*ici il voit tomber une corde attachée au soupirail.*) Que vois-je ? serait-il possible ! (*ici Jules descend en
se tenant à la corde.*) Jules !... mon cher Jules !...

JULES.

Mon frère !... (*il va se précipiter dans les bras d'Armand.*)

ARMAND.

C'est toi, mon ami ?... par quel hazard ? par quel coup
du ciel ?...

ARMAND.

O mon cher Armand !... je te revois, je te revois... ton
frère n'est plus à plaindre. Clara a pu nous rendre tous
malheureux ; mais elle ne m'aura pas privé de tes derniers
embrassemens.

ARMAND.

Qnoi ? tu sais aussi que c'est elle ?

JULES.

Oui, mon frère. Eh ! quelle autre aurait pu nous sé-
parer ?

ARMAND.

Mais, comment es-tu parvenu ?...

JULES.

Ton père, ton épouse, Hubert et moi, nous avions tous suivi la route qu'avait prise l'infâme escorte qui t'entraînait; nous arrivons, nous demandons à parler au comte Robert... Mais... ô peine inutile; on nous repousse avec barbarie ! ton épouse, ton père, le désespoir dans l'âme, se retirent ; moi seul je reste : j'aperçois un jeune officier, compagnon de mes premières armes. Je tombe à ses genoux... je demande à voir mon frère... je parviens à l'attendrir... Les yeux baignés de larmes, il me quitte en me montrant ce soupirail... je vole... l'amitié me donne des ailes... je me munis de cette corde... je cours... j'arrive, et je suis dans tes bras.

ARMAND.

Mon cher Jules !... mais à quels dangers tu t'exposes, quitte, quitte au plutôt cet infernal séjour.

JULES.

Moi, t'abandonner ! non, on nous trainera tous les deux au supplice.

ARMAND.

Sais-tu de quelle barbarie les monstres sont capables ?

JULES.

Je puis les braver ; ne suis-je pas le frère d'Armand !

ARMAND.

Et notre malheureux père.

JULES.

Ton épouse restera pour lui fermer les yeux.

ARMAND.

Il me perd ; tu lui dois ton secours.

JULES.

Armand !... Armand !... cesse... je t'en conjure !...

ARMAND.

Quitte moi donc ; retournes près de lui.

JULES.

Tu l'espères en vain.

ARMAND.

Que dis-tu ?...

JULES, *arrachant la corde.*

Je ne te quitte pas.

ARMAND.

Malheureux !...

(Jules , après avoir arraché la corde , se jette dans les
bras de son frère qui l'y serre étroitement. Ils restent
quelques momens dans cette position , en gardant tous
deux le silence.)

SCÈNE VII.

ARMAND et JULES , *dans le cachot*; THOMASO,
HUBERT, PIERRE ; Troupe de Carriers , dans la
Carrière.

HUBERT.

Quel diable de voyage nous fait-tu faire là ?

THOMASO.

C'est bon , c'est bon ; j' voulons en avoir le cœur net; je
crois que c'est ici… oui… voilà ben l'endroit ; paix……
écoutons….

HUBERT.

Je n'entends rien.

THOMASO.

Eh , garçon , approche-moi st'échelle.

(*Il s'en sert pour arriver à la voute et frappe ; Jules
quite son frère, et va écouter au milieu du théâtre , à l'endroit où il croit avoir entendu le bruit. Thomaso continue
de frapper.*)

JULES.

Silence …

(*Il s'incline vers la terre, et prête l'oreille avec les agitations
de l'attente la plus pénible.*

ARMAND.

Jules ; que crois-tu entendre ?

(Jules lui fait signe vivement de se taire, et recueille avec
avidité les différens bruits qu'il entend.)

JULES.

Si je ne me trompais pas !… ô mon dieu ! mon dieu !
faites !…

ARMAND.

Mon frère !…

(Jules lui fait encore signe de se taire ; les coups ont cessé;
il écoute toujours, et, après quelques momens de silence,
il s'écrie avec désespoir.)

JULES.

Grand dieu ! je me suis trompé ? Mais non , j'entends..
Cet affreux souterrain.... Où donne-t-il ? où peut-il
aboutir ?....

ARMAND.

Hélas ! je ne sais... Je ne connais de cette maisou que
mon cachot.

JULES.

Non, je ne me suis point trompé ; ob ! non , non , à
présent j'en suis sûr : j'entends distinctement ; ou parle ,
on frappe , et tout cela ne peut etre bien loin.

ARMAND.

Dieux ! s'il était possible ?. .

(*Jules frappe avec vivacité.*)

JULES.

Qui êtes-vous ? Répondez.

THOMASO, *en dessous.*

Morbleu, s'il y a quenqu'z'un là-haut , ils sont donc
sourds ; m'est avis que j'cognons assez fort , pourtant.

(Jules frappe du pied sur la terre ; il écoute, Armand
est dans l'attitude de l'impatience et de l'attente la plus
cruelle. Jules redouble , et tombe sur ses genoux en disant :

JULES.

O ciel !... (on répond par un même nombre de coups ;
Jules dit avec ivresse) : ou nous répond !.....

ARMAND (*de même*).

O surprise !

(Jules recommence à frapper avec la plus grande vivacité).

THOMASO, *en dessous.*

Tout-à-l'heure , tout-à-l'heure , j'sommes à vous.

JULES , *courant à sou frère.*

Mon frère , mon frère , entends-tu ?

ARMAND , *avec transport,*

Oui, j'entends . . . . O bonheur !.....

(Jules retourne à la même place).

THOMASO (*en dessous*).

Allons , hé ! Pierre, monte la lanterne , des pinces et le marteau.

JULES.

O mes amis ! . . . . , au nom du ciel, dépêchez-vous.

THOMASO (*en dessous*).

Tiens ; qui est - ce qui me parle là haut ; est-ce un homme ou une femme ? Venez donc vous autres , venez m'aider, t'nez, pour vous mettre en train, j'allons vous chanter la p'tite chansonnette ; de la joie, du courage, et tout ira bien.

PLUSIEURS VOIX, *en dessous.*)

Nous v'là , nous v'la.

(*Pendant ce qui suit, Armand et Jules restent dans l'attente la plus pénible.*)

THOMASO (*en travaillant*).

Premier Couplet.

S'en allant au moulin ,
Une jeune bergère ,
Avec son cher Colin
Répétait ce refrain :

Et tic, et tic, et tac, évitons la fougère,
Et tic , et tic , et tac, le soir et le matin.

Deuxième Couplet.

A côté du moulin
Etait une carrière ,
L'amante de Colin
Y tombe , . . . ah quel chagrin!

(*Il parle*)

Soutenez , soutenez, v'la que ça vient.
Et tic, et tic, et tac, l'amour dans la carrière,
Et tic, et tic, et tac, est un p'tit dieu malin.

Troisième Couplet.

Mais aussitôt Colin ,
Ratrapa sa bergère ,
A moitié du chemin ,
Par son jupon d'basin.

Et tic , et tic , et tac, l'amour dans la carrière,
Et tic, et tic, et tac, est un p'tit dieu malin.

JULES.

O mon frère ! . . . . je vois . . . . je vois . . . .

THOMASO, (*ébranlant la pierre*).

Quatrième Couplet.

Notre amoureux Colin
Exigea pour salaire
Qu'elle f'rait moudre son grain
Toujours à son moulin.
Et tic, et tic, et tac, l'amour dans la carrière,
Et tic, et tic, et tac, est un p'tit dieu malin.

(Ici Thomaso, en chantant ce dernier refrain, pousse la pierre
avec sa tête et paraît. Il voit Jules, et s'interrompt en
disant :) Ah ! ah !.... (Il se tourne, voit Armand, et
dit :) Oh ! oh !....

ARMAND.

Quoi ! ce n'est pas une vaine espérance !....

JULES.

O brave homme, apprenez.....

THOMASO.

J'saurons tout quand j'serons là haut. (*Il sort tout-à-fait
hors du trou.*) Me v'la d'abord, et d'un ; t'nez, jeune
homme, prenez cette pince, j'vais vous montrer comme ça
se magne. Il s'agit maintenant de faire passer nos compagnons
qui sont là d'sous. T'nez..... bien.... là.... c'n'est pas
plus long qu'çà.

(Jules et Thomaso lèvent une seconde pierre qui tombe en
dehors sur le théâtre.)

JULES.

Mon frère, nous sommes sauvés !

(Ici Hubert, Pierre, et plusieurs autres carriers paraissent
au haut de leur échelle, et montent dans le cachot. Jules
les embrasse tous.)

JULES, (*apperçevant Hubert.*)

Hubert...... un de nos libérateurs !....

HUBERT, (*courant à Armand*).

Mon cher maître !......

ARMAND.

Mon respectable ami !.... (*il l'embrasse.*)

THOMASO.

Oui, c'est notre brave cousin Hubert ; sans lui nous ne
serions pas ici.

HUBERT, (*à Jules.*)

Mais, comment vous trouvez-vous en ces lieux ?

Ce soupirail..... une corde......il voulait partager mon malheur.

Le bon jeune homme !

P I E R R E, (*à Thomaso*).

V'nez donc voir, not'maître, des chaînes..... des chaînes, à n'en plus finir.

T H O M A S O.

Voyons, voyons, mon garçon ; ah ! mon Dieu !.... c'est-il permis d'équiper un chrétien comm'çà ? Quand j'vous disions que ce chien de gouverneur était pis qu'un diable !....

P I E R R E.

Père Thomaso, père Thomaso, v'nez donc par ici.

(Il lui fait remarquer des instrumens de supplice.)

T H O M A S O.

Ah ! ah ! pardine ; il faut convenir.... que v'là un petit salon ben gentiment meublé ! oh le coquin ! s'il tombait sous ma main com'j'le.....

J U L E S.

Mais, comment avez-vous pu sitôt parvenir ?....

T H O M A S O.

Oh ! c'est tout simple..... à çà vous autres, mettez-vous à l'ouvrage, ne perdez pas de tems, et sciez-moi ces maudites chaînes.

T O U S L E S C A R R I E R S.

Oui, oui, père Thomaso.

(Hubert et les carriers travaillent à débarrasser Armand de ses chaînes.)

T H O M A S O, (à Jules.)

Fant vous dire d'abord que travaillant il y a un an dans c'te carrière qui est là-dessous, nous nous trouvîmes avoir poussé jusqu'ici. Dam ! dans not'métier comm'dans ben d'autres, on va queuq'fois plus loin qu'on ne veut ; j'entendîmes un jour des cris et des juremens de possédés. Tiens, dis-je comme'çà à Pierre notre garçon, je crois que nous sommes ici sous le château du comte Robert, et que c'est queumalheureux qu'on renferme dans l'souterrain qu'est là-haut. Je ne nous étions pas trompés ; le lendemain j'nous mîmes exprès à travailler par-ici. Le prisonnier nous entendit, et se mit à cogner de son côté pour nous faire entendre qu'il nous entendait ; j'nous mîmes à cogner d'un autre, pour lui faire entendre que je l'entendions ; et puis après j'nous mîmes à déblayer, a déblayer par-dessous... et il nous aidait par-dessus, car il n'était point enchaîné; c'est une petite préférence qu'on a acordé à votre frère, tant y a qu'au

bout de deux mois, je parvîmes à grimper dans c'te cave afin
de lui donner la volée... mais les chiens.. il n'y était plus.
ils l'avaient expédié de la veille. Pour nous en consoler
j'ons dit comm'çà à Pierre : Tiens, mon garçon, dépê-
chons-nous, faisons tout bonnement une trape... une autre
fois p't'être j'serons plus heureux.

J U L E S.

Brave homme.

T H O M A S O.

Si ben qu'aujourd'hui, Hubert, le cousin de Beatrix, not'
femme, est venu nous raconter le malheur qui était arrivé
à vot'frère. Ah! lui dis-je, il est sauvé, s'il est dans le sou-
rain dont j'avons la clef. Nous avons fait beaucoup de
bruit pour nous faire entendre, et... vous savez le reste.

(Ici les chaînes d'Armand et quelques pierres de la mu-
raille tombent avec fracas ; Armand et Jules se jettent dans
les bras l'un de l'autre.)

A R M A N D.

Mon cher Thomaso, ma reconnaissance... la récom-
pense la plus méritée. • • • •

T H O M A S O.

Fi donc, fi donc, vous gâteriez ce que j'ons fait; mais,
dénichons, dénichons, ce n'est pas que je les craignons
au moins, j'voudrions qu'ils vinssent... J'avons sous c'te
cave de quoi leur donner une sérénade. Seigneur Armand,
vous allez voyager dans notre carrière, et vous trouver
tout vis-à-vis votre château, en sortant par une ouverture
pratiquée dans la montagne ; rien ne nous troublera dans
notre route ; je sommes là-dessous sur nos terres.

(Ici une lumière paraît au soupirail du cachot.)

T O U S.

Une lumière !...

(Tous les personnages restent dans l'attitude de la frayeur.)

U N E   V O I X.

Armand !...

J U L E S.

Nous sommes perdus !...

L A   V O I X.

Armand, le bruit que vous faites inquiète la garnison ;
profitez de cet avis.

J U L E S, *à voix basse.*

Paix... paix... c'est la voix du jeune officier qui m'a in-
diqué le moyen de parvenir jusqu'à mon frère ; rendons-
lui grâce... il nous avertit,..

T H O M A S O, *de même.*

Retirons-nous, retirons-nous, et s'il prend envie aux

soldats du comte Robert de nous poursuivre, ils trou-
veront à qui parler, pardine ce n'est pas la première
fois qu'ils auraient été frottés par nous ; allons, passez,
passez vous autres ; je resterons le dernier.

(» Tout le monde se retire dans la carrière, excepté
» Thomaso, qui . descendu de même, reste la tête
» au niveau du théâtre.

SCÈNE VII.

THOMASO, UN OFFICIER.

THOMASO.

VOYONS ce que cela deviendra. Ah ! en voilà déjà un...

(» Ici un officier entre, une lanterne à la main, et sur-
» pris de n'appercevoir Thomaso que par la tête, tend
» sans faire un seul pas, sa lanterne en avant pour mieux
» voir ; Thomaso suit tous ses mouvemens en lui fai-
» sant une grimace épouvantable. Après un moment
» de silence, il continue :)

Eh bien ! m'as-tu assez regardé ? comment me trouves-tu,
chien d'hypocrite ?...

L'OFFICIER.

Ah ! traître !...   (*il sort précipitamment.*)

SCÈNE VIII.

THOMASO, *seul.*

AH ! tu vas chercher l'renfort ? attends, attends....
nous allons te montrer que nous voyons clair à nous
battre dans les caves. Holà, mes amis, gare à nous.
            (*il rentre tout-à-fait dans la carrière.*)

SCÈNE IX.

L'OFFICIER, GARDES.

(» On entend quelques coups de cloche précipités ;
» aussi-tôt l'officier et les gardes accourent en désordre ;
» ils vont droit à la place où était enchaîné Armand ;
» leur étonnement redouble, lorsqu'ils apperçoivent le
» trou pratiqué au milieu du théâtre ; ils environnent
» cette ouverture, et s'invitent mutuellement à des-
» cendre, personne ne veut donner l'exemple.)

SCENE X.

LES PRÉCÉDENS, THOMASO, TROUPE DE CARRIERS.

(* Thomaso sort précipitamment du trou, à la tête de
» ses carriers ; ils sont armés des instrumens de leurs
» travaux, et se rangent sur un des côtés du théâtre,
» tandis que les autres, épouvantés, reculent en se
» contentant de les menacer ; cependant, les gardes
» font mine tout à coup de vouloir attaquer les car-
» riers ; ceux-ci, deux par deux, se présentent lente-
» ment devant eux, et se retirent successivement dans
» la carrière, en menaçant, les uns après les autres,
» les gardes, qui ne font qu'avancer et reculer alter-
» nativement. Après la retraite des carriers, les gardes
» vont encore examiner le trou, et au lieu d'y des-
» rendre, se retirent tous en désordre.)

Fin du Second Acte.

ACTE III.

*Le Théâtre représente un lieu champêtre ; à droite
est la grille d'entrée du château d'Armand.
à gauche est un bois fort épais. Au fond et
dans l'éloignement on apperçoit une longue
chaîne de montagne, et au pied une ouverture
pratiquée dans le roc, et cachée par quelques
broussailles ; quelques pierres sont éparses
çà et là.*

SCÈNE PREMIÈRE.

MATHILDE, LISBETH, *jeunes gens de la noce.*

LISBETH *et les jeunes filles entourent Mathilde, et lui
prodiguent toutes les consolations de l'amitié ; Mathilde
au désespoir, repousse leurs soins affectueux et verse des
larmes ; elle se jette dans les bras de Lisbeth.*

SCÈNE II.

LES PRÉCÉDENS, CLARA, L'ÉCUYER.

CLARA, *bas à l'écuyer.*

La voilà, laissez-moi lui parler ; retournez sur vos pas,
et sur-tout ne perdez pas de vue la route qui conduit à ce
château.

L'ÉCUYER.

Mais si les mutins allaient se trouver les plus forts ?...

CLARA.

Ils sont en grand nombre, je le sais.

L'ÉCUYER.

Le moyen de résister !...

CLARA.

Le comte Robert attend un renfort de la citadelle voisine, et bientôt, les révoltés seront soumis.

L'ÉCUYER.

Mais si Armand, déja rentré chez lui...

CLARA, *avec une fureur concentrée.*

Je le saurai, sans doute !... allez.

SCENE III.

LES PRÉCÉDENS, *hors* L'ÉCUYER.

MATHILDE.

Eh ! quoi, madame, c'est vous !... mon trouble.....
votre aspect imprévu... venez vous terminer, ou combler
mes malheurs ?... Armand est-il tombé sous vos coups?

CLARA, *à part.*

Je respire !... (*haut.*) Madame, il dépend de vous de
le sauver ; songez qu'il ne peut échaper à ses ennemis si
justement irrités contre lui; parlez, que feriez-vous pour le
soustraire au sort qui l'attend ?

MATHILDE.

Vous me faites frémir.

CLARA.

Parlez, vie est dans vos mains.

MATHILDE.

La tendresse, le devoir qui m'unit à Armand...

CLARA.

Il faut y renoncer.

MATHILDE.

Y renoncer !...

CLARA.

Ou le voir périr.

MATHILDE.

Et c'est vous... et c'est une femme...

CLARA.

Une rivale outragée peut tout pour se venger.

MATHILDE.

Eh ! quels sont vos droits sur mon époux ? vous a-t-il
amis flattée du moindre espoir ? nous nous aimions dès la
plus tendre enfance ; notre amour croissait sous les aus-

pices de la nature, nous nous unissions aujourd'hui. . . .
votre barbarie change en un instant tous nos plaisirs en
regrèts. Votre cœur est-il donc inaccessible à la pitié.

CLARA.

L'amour seul y règne avec toutes ses fureurs.

MATHILDE.

Vous... de l'amour pour Armand?... ce sentiment
peut-il vous être connu !...

CLARA.

Osez-vous...

MATHILDE.

J'ose tout. Votre inhumanité m'a donné le droit de laisser
éclater mon indignation ; craignez de me réduire au désespoir ; craignez que le ciel ne se lasse enfin de tant de
cruautés; et ne vous arrache des victimes que vous immole-
riez sans pitié. Mais, que dis-je ! ah! pardonnez à mon égare-
ment ; voyez couler mes larmes... qu'elles fléchissent votre
cœur, j'embrasse vos genoux...

CLARA, *avec un sourire moqueur.*

Vous, à mes pieds ! est-ce là votre place ?

MATHILDE.

Je ne m'avilis point ; je sauve mon époux.

CLARA.

Vous le croyez ?

MATHILDE.

Il est impossible que vous résistiez plus longtems àma
douleur.

CLARA, *avec force.*

Vous vous trompez.

MATHILDE, *se relevant*

Femme cruelle !... tu jouis de mes tourmens... ah ! je
rougis à présent d'avoir embrassé tes genoux. Va, fuis loin
de ces lieux ; mais ne crois pas remplir ton exécrable vengeance. Le ciel sera juste ; tes lâches desirs seront déçus
et tes soins infructueux deviendront ta punition. Adieu.

(*Elle rentre au château avec sa suite.*)

SCENE IV.

CLARA, *seule.*

ELLE me brave encore, et ma rage impuissante...
Tout me trahit, Armand m'échappe. O haîne! je t'im-
plore, tu me dois le succès, je t'ai abandonné mon ame
toute entière.

SCÈNE V.

CLARA, L'ECUYER.

L'ECUYER.

MADAME, le renfort attendu par le comte Robert vient d'arriver.

CLARA.

Agréable nouvelle !

L'ECUYER.

Je l'ai fait poster sur la grande route ; et nos gens occupent les avenues.

CLARA.

Armand est à nous.

L'ECUYER.

Son épouse ne l'a donc point revu ?

CLARA.

Elle ne sait pas même qu'il est sauvé.

SCENE VI.

LES PRÉCÉDENS, HUBERT.

(Ici Hubert paraît à l'ouverture pratiquée dans le roc , écarte les broussailles , et va droit à la grille du château.)

HUBERT.

Allons vite rassurer notre bonne maîtresse. . . mais, que vois-je ! non je ne me trompe point,

CLARA.

Un valet d'Armand !. . . emparez-vous de sa personne.

(*l'écuyer va prendre Hubert au colet.*)

HUBERT.

Au secours ! au secours !

L'ÉCUYER.

Te tairas tu ?

HUBERT.

On ne sera donc plus en sûreté, en rentrant chez soi.

L'ECUYER.

Misérable , tu feins de ne pas me reconnaître,

HUBERT.

Je serais bien fâché d'être de votre connaissance.

L'ECUYER.

Regarde moi ... me connais tu à présent.

(*Il le secoue rudement*)

HUBERT.

Attendez donc... attendez donc... je crois que oui...
n'êtes-vous pas le voyageur si curieux... de ce matin ! oui
oui, l'écuyer de cette grande dame qui est là-bas dans ce
coin.

L'ECUYER.

Sans doute... d'où viens-tu à l'heure qu'il est ?

HUBERT.

Je viens... mais je viens d'où j'étais allé.

L'ECUYER.

Malheureux !

HUBERT.

Vous avez une manière de parler qui me coupe la parole,
à moi.

CLARA.

Où est ton maître?

HUBERT.

A l'autre.

CLARA.

Réponds à l'instant.

HUBERT.

Mais, madame, votre question m'étonne.

CLARA.

Point de subterfuge.

HUBERT.

Personne que vous ne peut mieux savoir où il est... puisque vous l'avez fait jetter dans les cachots du gouverneur,
et par amour pour lui, encore !

CLARA.

Le traître a su s'en échapper.

HUBERT.

Il est sauvé ! tout de bon !.... Parbleu, je ne m'at-
tendais pas à recevoir une aussi bonne nouvelle de vous.

CLARA.

Tu l'ignorais ?

HUBERT.

Je le désirais, et je ne croyais pas que le ciel eût sitôt comblé mes vœux.

CLARA.

Tu ne t'en réjouiras pas long-temps. Des forces redou-
tables sont ici près, et bientôt Armand sera en notre pouvoir.

HUBERT.

Voilà les grands chemins bien gardés.

SCENE VII.
LES PRÉCÈDENS. GARDES.

*(Les gardes paraissent ; un d'entr'eux se détache, et va
parler bas à l'oreille de l'écuyer),*

HUBERT.

Oh ! les vilaines gens ! qu'ils ont mauvaise mine ! leur
commission est écrite sur leur figure. Ils parlent bas.....
ils se consultent.... si nos amis paraissaient..... si nous
n'étions pas en force..... je tremble...... Eh bien ! quand
cela serait..... une bonne conscience ne double-t-elle pas
le courage ? (*l'écuyer quitte le garde, et va parler bas à
Clara, Hubert continue à part.*) Il y a quelque chose
en l'air ; c'est sûr.

L'ECUYER.

Nos soupçons n'ont pas été vains.

CLARA.

Notre vengeance est assurée, et la nuit qui s'avance lui
prêtera son voile protecteur. Retirons-nous dans ce bois,
et que ces montagnes, s'il le faut, s'écroulent sur nos in-
dignes adversaires.

HUBERT, *à part.*

Je n'ai pas une goutte de sang dans les veines.

(Clara, l'écuyer et les gardes se retirent.)

SCÉNE VIII.
HUBERT *seul.*

COMMENT diable, ils m'ont laissé là ! il faut qu'ils soient

bien occupés de leurs projets !..... Ah! que nous serions malheureux, nous autres pauvres hommes, si toutes les femmes ressemblaient à celle-ci ! Heureusement l'espèce en est rare ; mais, que faire à présent ? les suivrai-je ?..... non, non, cela ne serait point prudent, et d'ailleurs, ces messieurs ont une certaine manière de questionner les gens.... irai-je dire à Mathilde qu'elle n'a plus rien à craindre pour les jours de son époux ? Je ne le puis pas tant que ces coquins seront dans les environs. Courons plutôt avertir nos amis de rester encore dans la carrière, et de n'en sortir qu'à un signal convenu, pourvu que cet enragé de Thomaso veuille bien cette fois-ci entendre raison et s'en rapporter à ce que je lui dirai..... nous devons tout faire pour nous garantir d'une surprise. Hubert, le vieil Hubert, donnerait tout son sang pour arracher au moindre danger le plus tendre des époux, le meilleur des maîtres. « (Après » avoir regardé de tous les côtés, il entre dans la carrière par » l'ouverture pratiquée dans le roc. »)

SCENE IX.

LE COMTE, MATHILDE, (*sortant du château par la grille*).

LE COMTE.

POURQUOI tenter encore une démarche infructueuse ? veux-tu donc, ma fille, me priver du seul appui qui reste à ma vieillesse ?

MATHILDE,

Mon père, je ne puis vivre plus long-tems dans une incertitude aussi cruelle ; Armand, peut-être, en ce moment tombé sous les coups de ses assassins, et vous voulez que, faible, tremblante, inutile à mon époux, je me borne à former des vœux pour lui..... non, non, je veux attendrir ses bourreaux, ou partager son sort.

LE COMTE.

Eh bien! je te suivrai, ton courage a échauffé le mien a ranimé mon espoir. La nature ne laissera point faire à l'amour seul tous les sacrifices.

MATHILDE.

O mon père! les méchans ne savent pas tous les maux qu'ils vous causent.

LE COMTE.

Ils le savent, ma fille, et c'est là leur plus douce jouissance.

MATHILDE.

Et le juste ciel les laisse vivre en paix !

LE COMTE.

Les cruels se plaisent à accumuler les malheurs sur ma triste famille. Jules mon fils n'a point reparu depuis notre retour de la forteresse ; je le connais : jeune, impétueux, plein d'amour pour son frère, il aura tout fait, tout bravé pour le voir, et peut-être. . . . . Ah ! cette idée met le comble à mon désespoir.

SCÈNE X.

MATHILDE, LE COMTE, HUBERT (*sortant de la carrière*).

HUBERT *accourant et à voix basse.*

IL est sauvé, il est sauvé !

LE COMTE.

Qu'entends-je ?

MATHILDE.

Que dis-tu ?

SCÈNE XI,

LES PRÉCÉDENS, GARDES (*qui reparaissent dans le fond*)

HUBERT *vivement.*

NE craignez plus rien. Ses jours sont en sûreté. . . . vous reverrez votre fils ; vous reverrez votre époux.

MATHILDE.

O mon ami ! par quel miracle !

HUBERT.

Thomaso, mon parent, connaissait une carrière qui donne sous la forteresse, et dont l'entrée est à dix pas d'ici : j'en sors. . . . . votre époux et nos amis attendent pour perraître. . . . .

MATHILDE.

Je vole à sa rencontre. . . . . . .

HUBERT.

Madame !. . . . . . ne nous trahissez pas. L'entrée du souterrain est derrière nous, cachée per quelques broussailles (*à Mathilde, qui veut se retourner*) ne regardez pas, ne regardez pas, ou nous sommes perdus.

(Ici les gardes, qui ont examiné l'ouverture, font signe à plusieurs autres qui accourent aussitôt, et ils entrent tous dans la carrière).

SCÈNE XII.

LE COMTE, MATHILDE, HUBERT.

MATHILDE.

HUBERT, mon cher Hubert, que veux-tu dire?

HUBERT.

Les satellites du comte Robert sont dans le voisinage;
ils ont des soupçons . . . . .

MATHILDE.

Grands Dieux! . . . . .

HUBERT.

Clara elle-même, postée dans ce bois! . . . . Attendez, attendez . . . . . Je vais voir . . . . .

(Un bruit affreux se fait entendre dans la carrière).

SCÈNE XIII.

LES PRÉCÉDENS, ARMAND, JULES, THOMASO, PIERRE, Gardes, troupe de Carriers.

(Chacun des gardes sort de la carrière, terrassé par un
carrier; Mathilde tombe évanouie dans les bras du comte;
Hubert court au château; Armand et Jules paraissent armés chacun d'un sabre et se défendent contre plusieurs
gardes sortis du bois; les carriers, qui voient leur danger, quittent leurs ennemis et vont à leur secours. Les
gardes, qui se voient libres, s'élancent sur les carriers; le
combat devient général. Hubert sort du château à la tête
des domestiques armés; les gardes plient, reculent, et
leur défaite est bientôt assurée par l'arrivée de . . . . .

SCÈNE XIV.

LES PRÉCÉDENS, MAURICE, et les Amis d'Armand.

(Maurice et ses amis, qui descendus avec précipitation
du haut de la montagne, fondent le sabre à la main sur
les ennemis. Ils sont taillés en pièces; Armand et Jules
se trouvent dans les bras du comte et de Mathilde; cha-
que carrier tient un garde au collet, et le sabre sur
la poitrine).

THOMASO.

Point de quartier pour ces misérables.

MAURICE.

Arrêtez, mes amis ! . . . . . ils sont il est vrai les instrumens du crime, mais leur devoir est d'obéir. (*Aux gardes*) : allez, retournez vers les monstres qui vous ont envoyés, et punissez-les en leur rendant compte de ma conduite. Armand était accusé de trahison ; c'était à Maurice à le justifier ; notre Souverain, dont je viens d'embrasser les genoux, a entendu la vérité, s'est rendu à son pouvoir, et, jaloux de réparer ses torts, a pressé lui-même mon retour en ces lieux.

TOUS.

O bonheur ! . . . . . .

MAURICE.

Les ordres sont donnés ; un monastère attend la comtesse de Vasserbourg, dont j'ai fait connaître le caractère odieux ; un jugement équitable mettra fin aux crimes du comte Robert, et Armand d'Herbonrg est nommé gouverneur.

THOMASO.

Je savais bien que notre duc de Bavière était un brave homme.

ARMAND.

Cher Maurice, que ne dois-je pas à ton amitié !

THOMASO.

Oh çà, c'est vrai ; le seigneur Maurice est un bon camarade.

ARMAND.

Et vous, père Thomaso, vous qui m'avez arraché aux poignards des assassins, venez habiter avec nous, et qu'une honnête aisance . . . . .

THOMASO.

Non pas, non pas, s'il vous plait ; je retournons à notre carrière ; nous sommes fait pour notre état, et un autre état ne serait peut-être pas fait pour nous. Vot' métier à vous, est d'exercer votre esprit et votre valeur ; le nôtre est de faire sauter les pierres ; je ne vous demandons qu'une grâce, c'est de nous laisser fermer la trape qui nous a baillé le plaisir de vous donner la volée ; j'n'en aurons plus besoin ; vous v'là gouverneur.

FIN.